Alienkunde ist so ziemlich das langweiligste Fach des Universums!
Stimmt. Vor allem, wenn man noch nie ein echtes Alien zu Gesicht bekommen hat!

Glaubst du, die Lehrer haben schon mal eins gesehen?
scroll
Welche Farbe hat Alienblut?
grün blau rot
gelb?
Wann wurde der erste Marsianer entdeckt?
1902 1979
2111
Nö.
Wie viele Leben haben Aliens?
Weniger als eine Katze.
Woher wissen die dann, wie Aliens aussehen?
Wann fand der erste Kontakt einer außerirdischen Lebensform mit Menschen statt?
1979 wurde ein Alien gesehen.

Vor ungefähr hundert Jahren hatte der Präsident der Erde, von dem ich und Anna neulich in Geschichte gehört haben, ungesundes Essen verboten. Jetzt gibt es dafür Brokkoli mit Pommesgeschmack und Blumenkohl, der so schmeckt wie Burger. Leider hatten wir nie die Chance, die Originale zu probieren, die sicher tausendmal besser schmecken.

Doch an Mittagessen ist noch längst nicht zu denken.
Noch bevor die Stunde rum ist, fällt plötzlich das Gravitationsfeld aus. Übrig bleibt nichts als luftleerer Raum.

Ein breites Grinsen breitet sich auf unseren Gesichtern aus.

Plötzlich ist alles um mich,
Anna und die anderen stockdunkel.

ACHTUNG
ACHTUNG!

DAS IST KEINE ÜBUNG.

DAS HIER IST EIN INTER-
GALAKTISCHER NOTFALL.

BITTE BLEIBEN SIE AUF IHREN PLÄTZEN.

Haha, sehr witzig!

Nun fallen auch noch Luftdruckmasken von der Decke, dazu blinkt ein rotes Licht, das mir noch nie zuvor aufgefallen ist. Eine schrille Sirene tönt aus den Lautsprechern, so laut, dass sie bestimmt noch bis in die nächste Galaxie zu hören ist.

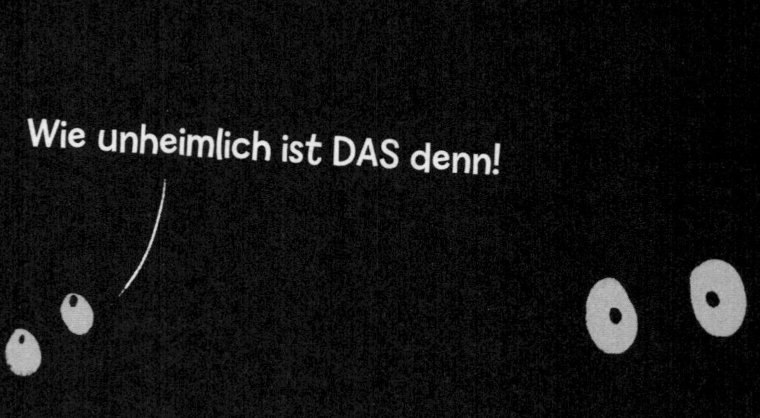

WIEDERHERSTELLEN DES DRUCK-
AUSGLEICHS IN VOLLEM GANGE.
GRAVITATIONSFELD KEHRT ZURÜCK IN
3... 2... 1...

AUTSCH!
Was zur Hölle war das?

Ein schwarzes Loch?
Oder haben wir einen Kometen gerammt?
nom, nom
Poff!
ALLE PERSONEN ERSTEN UND ZWEITEN DIENSTGRADES AUF DIE BRÜCKE, BITTE.
DAS STATIONSPERSONAL BLEIBT WEITERHIN VOR ORT, DER REST WARTET AUF NEUE ANWEISUNGEN.

Während unsere Lehrerin auf die Brücke eilt, schlendern Anna und ich ratlos aus dem Klassenzimmer.
Sektion S-7
KLASSE 5-B2
• BRÜCKE
• KOMMANDO-ZENTRALE
Na toll. Wir sind also der Rest.
Ist doch egal. „Auf Anweisungen warten" heißt nämlich Freizeit!
(Wir nutzen tatsächlich immer noch ZETTEL!)

Stimmt.
Was könnten wir machen?
Ins Weltraumkino?
Fauch!
Laaaaahm.
In die 5-D-Spielhalle?
×2
×5
Boing!
Das ist auch total retro.
Die haben doch noch nicht mal Hologramme.

SEKTION L-1
VAKUUMRAUM
SEKTION L-2
INTERGALAKTISCHES CHEMIELABOR
Primitive Lebensfor
der Woche
CHEMIE-LEXIKON
(Eine Banane mit Schokogeschmack. Verrückt!)

Oder wir könnten rausfinden, was das für ein intergalaktischer Notfall ist.
Au ja!
Und ich weiß auch schon genau, wer uns dabei helfen könnte!

Papa betreibt eine Weltraumtankstelle.

Er kennt so viele intergalaktische Fernfahrer, dass in der gesamten Galaxie absolut nichts passieren kann, ohne dass er es mitkriegt.

Aliens.

(Was soll ich sagen: Papa steht auf die Siebziger – von vor 250 Jahren. Und manche Leute tragen immer noch Brillen. Deswegen hat Papa dieses Gestell auf der Nase.)

ALIENS?!
CARGO FLOT
Du meinst, so wie die, über die wir heute den Test geschrieben haben?
Wie cool!
Richtige Aliens.
CARGO FLOT
pling!

Es handelt sich um eine feindliche Spezies, die die Menschheit ausrotten will.

Genau!
Die Aliens haben drei Köpfe!
Und essen Gehirne.

Und sie kommen schon in einer knappen Stunde an unserer Raumstation an.

Z-6
Z-14
NUR
PAPIER
Das glaube ich erst, wenn es mir der Kommandant persönlich erzählt.
Sssss...
...Ssssst!
schlürf

(*Zuwiderhandlungen werden mit Geldstrafen der Klasse 6 oder Freiheitsentzug von bis zu 14 interstellaren Zyklen geahndet.)

Die Sache mit den Gehirnen und den drei Köpfen war zum Glück nichts weiter als ein Märchen. Aber dass die Aliens schon sehr bald ankommen werden, hat sich nun auf der gesamten Station herumgesprochen.

23-5.4
23-5.3

Dann ist es auch schon so weit.
Wenig später docken gleich vier seltsam aussehende Raumschiffe an unserer Station an.
Eine gefühlte Ewigkeit später gleitet die Schiebetür auf, die die Brücke mit dem Transportraum verbindet, und wir werfen einen ersten Blick auf die Aliens. Offenbar haben gleich vier verschiedene Arten ihren Weg zu uns gefunden.

(Alle Raumschiffe sind mit dem gleichen Docking-Mechanismus [Norm 8751241x-22b] ausgestattet.)

Guck dir **die** mal an, Anna! Die sehen jedenfalls aus, als kämen sie nicht aus unserem Sonnensystem.

Und in der Schuldatenbank ist auch nichts über sie zu finden.

Stille.

Wir Menschen betrachten neugierig alle vier Arten, die wiederum ziemlich verdutzt zurückstarren.

Niemand macht den ersten Schritt.

Bis schließlich ...
ÖÖÖÖÖRKS!
Örks!

Schließlich gibt unser Kommandant sich einen Ruck und macht einen Schritt auf die Aliens zu.

Das hier nennt ihr eine Weltraumstation? Auf diesem Stand der Wissenschaft waren wir vor zweihunderttausend Jahren. Und als Nächstes erzählt ihr mir, ihr atmet immer noch Sauerstoff, oder was?
Flomp!

Während Kommandant Buckminster um Fassung ringt, mischt sich Vizekommandant Augustus Shore ein.

WUAAAH!
schlürf
knirsch

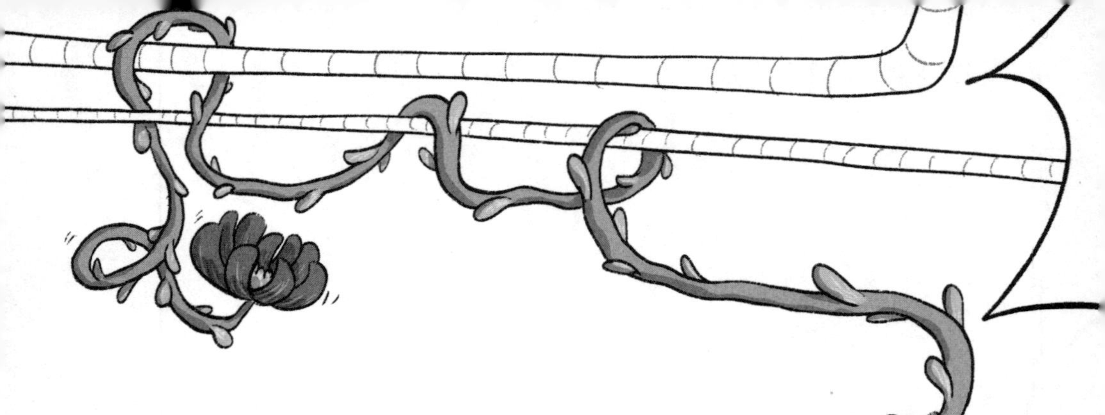

Nun bricht endgültig das Chaos aus. Die komische Pflanze schlängelt sich über die gesamte Brücke, während die kleinen, plüschigen Wesen namens Örks alles anknabbern.

SICHERHEITSPERSONAL AUF DIE BRÜCKE.
ALLE ZIVILISTEN WERDEN GEBETEN, SOFORT IN IHRE QUARTIERE ZURÜCKZUKEHREN, BIS DIE GEFAHR GEBANNT IST.
Gefahr?
Aber die tun doch niemandem ...
kraul
zerr

Ich kann die ganze Nacht nicht schlafen. Immerzu denke ich an die Aliens. Wo sie wohl jetzt sind? Was der Kommandant und der Vizekommandant wohl mit ihnen anstellen? Ob es ihnen gut geht? Und ob wir vielleicht heute einen von ihnen zu Gesicht bekommen werden? Und warum sie überhaupt zu uns gekommen sind?

Offenbar bin ich nicht der Einzige, der sich darüber Gedanken macht. Denn am nächsten Morgen sind die Aliens das Gesprächsthema Nummer eins unter meinen Mitschülern.

Sogar Dave, der Sohn des Vizekommandanten, mischt sich ein. Wenigstens klaut er den anderen Kindern in der Pause zur Abwechslung mal nicht ihren Blumenkohl.

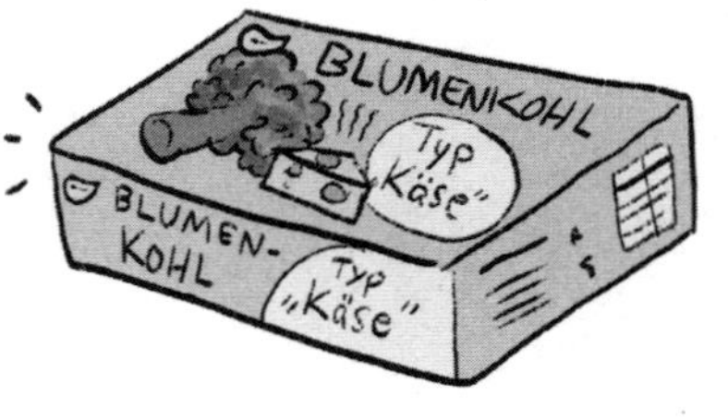

Papa hat sie alle inhaftieren lassen.
Sie sitzen jetzt im Stationsknast,
Etage 00.
Du Angeber.
Das hast du dir doch ausgedacht.
Es gibt keine Etage 00.
Wetten doch?
Niemand ist im Knast, Kinder!

Erschrocken richten sich unsere Augen auf die Lehrerin, die eben im Klassenzimmer aufgetaucht ist.

Miss Carla Universum ist eigentlich eine der nettesten Lehrerinnen der Schule (äh, und eine der hübschesten), aber jetzt macht sie ein Gesicht, als hätten die Aliens uns urplötzlich aus heiterem Weltraum angegriffen.

Stattdessen dürfen wir zwei von ihnen heute in unserer Klasse begrüßen.
Pfssssch!
Sie sind vor einem schwarzen Loch geflohen und werden bis auf Weiteres auf unserer Station wohnen.

Es ist tatsächlich wahr, was Miss Universum uns erzählt!

Denn plötzlich stehen ein schlankes, haariges Mädchen mit schläfrigem Blick und ein Wesen mit drei Augen vor uns.

Ihhh ... ein bisschen ekelig siehst du aber schon aus mit deinen drei Augen.
piek
Das könnte ich von dir genauso behaupten. Nur zwei Augen, ist ja widerlich. Siehst du mich damit überhaupt richtig?
HA HA HA HA HA HA HA HA
grrr ...

Auch wenn Dave immer noch nicht ganz sicher ist, was er von den seltsamen Aliens halten soll, ich und Anna finden Pimm und Ypsilon jetzt schon toll!

Mir gefällt Ypsilon besser. Drei Augen!
Damit kann man sicher erstklassig schummeln.
Schnarch
Stimmt. Ein Auge in Richtung Lehrerin,
eins guckt aufs Tablet des Nachbarn
und eins aufs eigene Tablet.
Äußerst praktisch!
Kritz, kratz
tipp tipp tipp
tipp tipp

Doch das ist noch nicht alles, was heute an Neuigkeiten auf uns wartet.

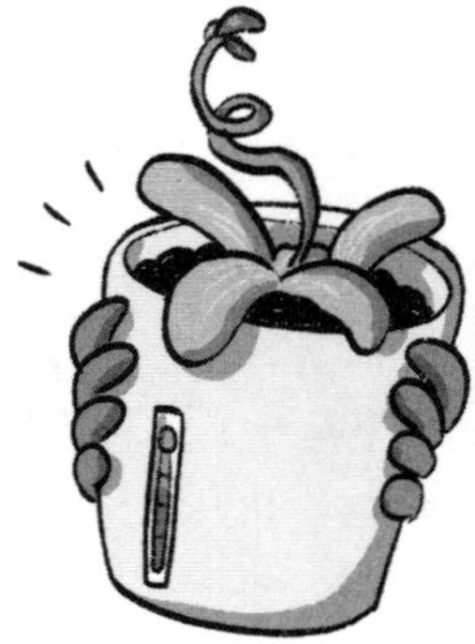

Miss Universum hat ein ganz besonderes Projekt vorbereitet.

schnüffel
Pock
Ihr müsst keine Angst haben. In Wahrheit brauchen die Pflanzen unsere Hilfe! Kommandant Buckminster hat mich extra darum gebeten. Wir alle auf der Weltraumstation müssen helfen.
Unsere Hilfe?
Die Pflanze neulich machte eher den Eindruck, als hätte jemand die Blumenerde mit ordentlich Superdünger angereichert. Ganz und gar nicht hilflos.
Das liegt daran, dass ihr auf der Brücke den Präsidenten dieser Alienart gesehen habt. Diese hier sind bloß einfache Pflänzchen.
Ganz normale Schlingonen eben.

Schlingonen?
hihi
Die Schlingonen waren einst eine weitverbreitete Pflanzenart, über die allerdings nicht sehr viel bekannt ist.
Wenn die Schlingonen glücklich sind, blühen sie sogar.
Eure Aufgabe wird es sein, den kleinen Pflänzchen zu neuer Größe zu verhelfen.

Na toll!
Damit die Dinger dann so groß werden wie ihr Präsident?
Bla, bla, bla...
Weltraum WIKI
Homo Sapiens

Keine Sorge,
so schnell wachsen die nicht.

Das Problem an der Sache:

Noch nicht mal Miss Universum weiß, was Schlingonen benötigen, um gedeihen zu können. Das müssen wir leider selbst rausfinden. Blöd nur, dass es schlechte Noten gibt, wenn eine der Pflanzen nicht wächst.

Oje, oje!
Ich sehe mich schon in Biologie durchrasseln.
Oje oje oje oje oje oje oje oje oje oje oje oje oje oje oje oje oje oje oje oje oje oje

PFLANZEN SIND FREUNDE!
Und was passiert, wenn die Pflanze stirbt?
Das will ich lieber nicht wissen, Ned.
Der kleine Weltraum-garten

Auch wenn ich den Schlingonen nicht so ganz traue, bin ich mit Anna einer Meinung: Wir müssen den Aliens helfen. Dabei frage ich mich, ob die neuen Aliens eigentlich für immer bei uns auf der Station bleiben. Doch auf diese Frage haben noch nicht mal mein Papa und seine Kumpels von der Weltraumtankstelle eine Antwort.

Fest steht jedenfalls, dass die Aliens ganz schön für Aufruhr sorgen. Ich hoffe nur, die Vorräte gehen uns nicht aus.
Diese kleinen Aliens fressen echt alles, was nicht niet- und nagelfest ist.
Wenn ich das nächste Mal meine Hausaufgaben vergesse, kann ich es wenigstens auf die Alientiere schieben.

Plötzlich fällt mir ein, wo wir Antworten auf unsere Fragen bekommen könnten. Anna und ich kennen einen Lüftungsschacht, über den man bis zur obersten Kommandozentrale der Weltraumstation klettern kann.

Als Kinder haben wir uns immer dort versteckt. Bis wir entdeckt haben, dass Kommandant Buckminster und Vizekommandant Shore direkt darunter ihre wöchentlichen, streng geheimen Lagebesprechungen abhalten.

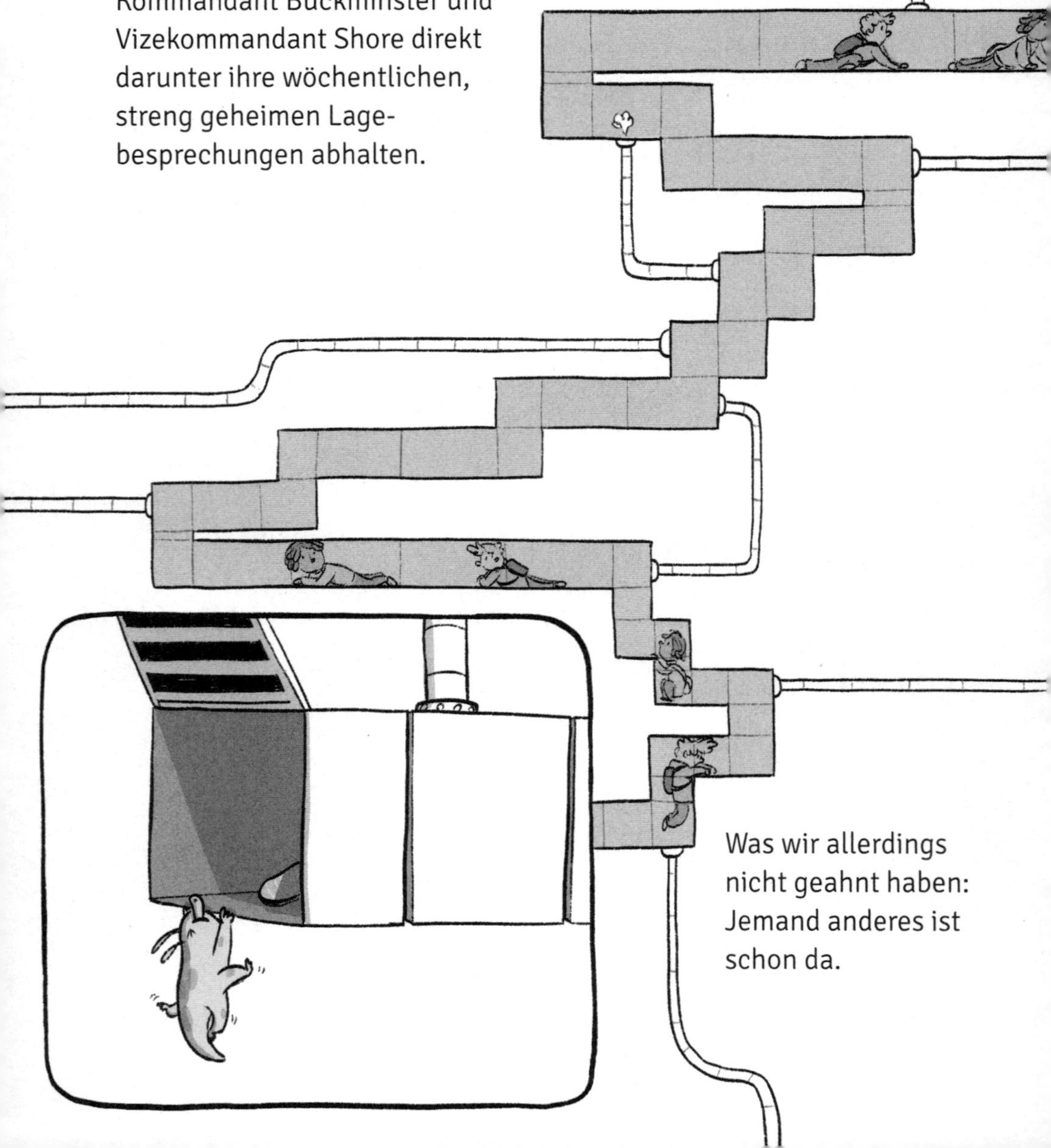

Was wir allerdings nicht geahnt haben: Jemand anderes ist schon da.

Was macht ihr denn hier?
Ich wollte bloß die Schleichwege dieser Station auskundschaften.
Mir scheint, als ob diese Geheimgänge äußerst undurchdacht angelegt wurden. War der Architekt dieses Schiffs etwa ein winziges Alien?
Also zuerst mal ist das kein Geheimgang, sondern ein Lüftungsschacht.
Ach ja! Ich vergesse immer, dass eure rückständige Menschenspezies noch Sauerstoff zum Atmen benötigt.
Patsch!

Blöd nur, dass Ypsilon nun auch wissen will, warum *wir* in diesem „Geheimgang" herumkriechen, wenn es doch eigentlich bloß ein Lüftungsschacht ist.

Uns bleibt keine andere Wahl, als die beiden einzuweihen.

Das kann doch nicht Ihr Ernst sein!!
Schscht!
Doch.
Wir sind verpflichtet, den Alienarten zu helfen, solange es notwendig ist.

Wir beobachten, wie der Streit zwischen unserem Kommandanten und seinem Stellvertreter immer hitziger wird. Das ist doch ziemlich außergewöhnlich. Denn normalerweise geht es bei der wöchentlichen Sitzung bloß um Kleinigkeiten.

Zum Beispiel um den Speiseplan.
Oder darum, auf welchem Planeten der jährliche Stationswandertag stattfinden soll.

Bei uns geht es eben ziemlich friedlich zu. Zumindest bislang.

Die nächsten freien
Planeten befinden sich im
Gamma-Quadranten.
GAMMA
DELTA
Wir sind hier (ungefähr)
ALPHA
BETA
Milch-straße
Die Armen wären Lichtjahre unterwegs.
Sie würden während des Transports
altern und sterben, ohne jemals
auf einem richtigen Planeten
leben zu dürfen.
Waaas?!
Sie schicken uns ins Nirgendwo?

Plötzlich empfinde ich großes Mitleid mit den beiden. Zum ersten Mal wird mir klar, wie sich Pimm und Ypsilon und auch die beiden anderen Alienarten hier fühlen müssen. Weit weg von zu Hause, auf dem Weg ins Ungewisse.

Ein ganzes Leben lang in einem winzigen Raumschiff in Richtung des Gamma-Quadranten unterwegs zu sein, stelle ich mir vor, wie ein Leben lang im Gefängnis sitzen zu müssen.

Dass Vizekommandant Shore so etwas Grausames vorschlägt, wundert mich nicht. Ich hoffe nur, dass Buckminster nicht zustimmt. Unser Kommandant ist zwar nicht der Hellste, aber er scheint das Herz am rechten Fleck zu haben.

Das kapiere ich jetzt nicht. Menschen sind doch genauso Aliens.
Stimmt. Zumindest da, wo wir herkommen.
Ist ja krass. Lernt ihr dann etwa in Alienkunde über uns?
Natürlich! Nur dass unsere Lehrer von der Menschengattung keine Ahnung haben.
kicher
Die dachten doch tatsächlich, ihr habt jeden Monat auch so etwas wie eine Bespeckungsphase.
Eine was?
pssst
upsi

Bespeckungsphase?

Ich komme gar nicht dazu, mich zu fragen, was Pimm wohl damit meinen könnte. Alles, was ich weiß, ist, dass die beiden Aliens eigentlich ziemlich cool sind. Wir müssen ihnen helfen, wenn es wirklich so weit kommen sollte, dass Shore die hier gestrandeten Aliengattungen fortschickt. Die armen Örks, Ypsilons, Grantari und Schlingonen und wie sie sonst noch heißen.

Einen Plan?
Was denn für einen Plan?
Eine Expedition.
Eine Expedition? Wir sind doch schon weit genug gereist.
Ich habe auch wirklich keine Lust, noch mal in ein Raumschiff zu steigen. Die letzte Bespeckungsphase war der Horror. Es gab tagelang nur Astronautennahrung …
Haben Sie das gehört?

Oh nein!

Wenn Shore und Buckminster mitbekommen, dass wir sie über den Lüftungsschacht belauscht haben, dann stecken nicht nur Anna und ich, sondern auch Pimm und Ypsilon mächtig in der Patsche.

Puh!
Die denken, das waren Ratten. Das ist ja noch mal …
ÖÖÖÖ ÖÖÖRKS!

Also doch keine Ratten!
Spione!
Im Lüftungsschacht!

Örks!

Jetzt aber schnell!

Bevor Buckminster und Shore dahinterkommen, wer sie hier ausspioniert hat, klettern wir in Windeseile zurück durch den Schacht in Richtung Ausgang.

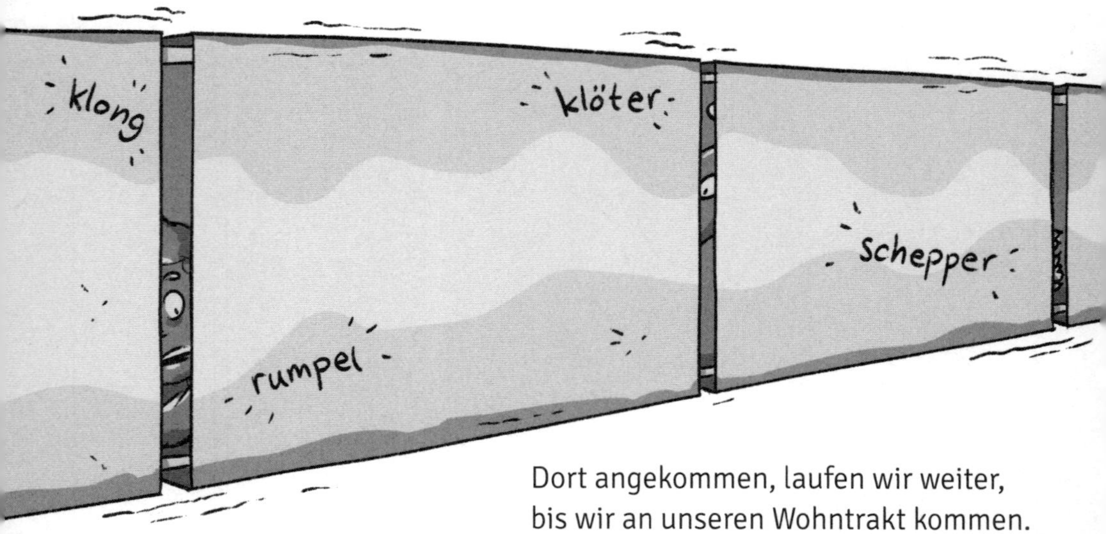

Dort angekommen, laufen wir weiter, bis wir an unseren Wohntrakt kommen. Eilig öffne ich die Tür, und wir stürmen in unsere Wohnung.

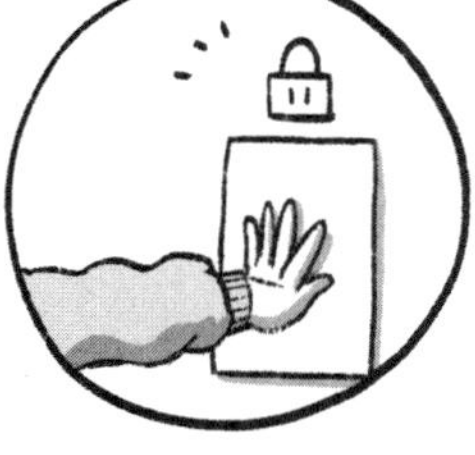

Erst als wir in meinem Zimmer ankommen und ich unsere Wohnung doppelt verriegelt habe, lassen sich alle erschöpft auf mein Bett fallen.

Der Anblick des Örks erinnert mich daran, worüber Buckminster und Shore gesprochen haben. Wir müssen verhindern, dass Pimm und Ypsilon ihr Leben in einem Raumschiff verbringen müssen!

Eigentlich find ich es hier gar nicht so übel.
Die Weltraumstation ist echt groß, und sogar eure Wohneinheiten sind nett. Auf unserem Planeten haben wir in Höhlen gewohnt.
Ich find es hier auch nicht schlecht. Obwohl, so ein neuer Planet nur für uns, das wäre schon cool …
Dann fühlen wir uns hier nicht mehr wie Eindringlinge.
Der hier wird auf Dauer aber ziemlich nervig.
Ach was!
Ich finde das Örks süß. Es sieht fast so aus wie die Katzen, die die Menschen auf der Erde früher hatten.
Ob Katzen auch so rülpsen konnten?

So gern ich Pimm und Ypsilon mag und mir wünsche, sie könnten für immer hierbleiben, will ich natürlich auch, dass sie einen Heimatplaneten finden.

Die Milchstraße ist riesig und ich kann nur hoffen, dass Buckminster sein Versprechen wahr macht und ein paar Leute losschickt, um nach passenden Planeten zu suchen.
Auch wenn die Hoffnung, einen zu finden, beinahe gegen null geht. Denn alle Planeten unseres Quadranten kennen wir bereits auswendig.

Viele Planeten sind schon an andere Aliengattungen vergeben und damit voll besiedelt, andere wiederum sind unbewohnbar, weil es dort entweder schrecklich kalt oder glühend heiß ist.

Und dann gibt es natürlich noch den

verbotenen Planeten. Gleich neben der Weltraumstation.

Neugierig sehe ich Pimm an.

Die Namenlosen Aliens.
Klingt ja nicht besonders gruselig.
Jedenfalls herrscht schon seit vielen Jahren Waffenstillstand. Sie attackieren uns nicht und wir sie nicht.
Waffenstillstands-vertrag
zwischen den Unsichtbaren Namenlosen und den Menschen der Raumstation H/S-21XX
auf unbestimmte Zeit ab 10/2100
Beta-Quadrant, 9/2100
Namenloser Kommandant
Kommandant Giger
Und ich hoffe, das bleibt noch lange so.
(Offizielle Dokumente müssen immer noch analog auf Papier vorliegen.)

Nein, Pimm und Ypsilon und die anderen auf den verbotenen Planeten zu schicken würde hier auf der Weltraumstation bestimmt niemand übers Herz bringen.

Moment mal.

Ihr Ypsilons seid uns doch überlegen.
Habt ihr das Beamen
etwa schon erfunden?

(*Diese alten Dinger gibt es bei uns gar nicht mehr!)

Hallo?

Weltraumstation an Ned!
Glaubst du, hätten wir sonst Raumschiffe benutzen müssen, um hierherzugelangen? Das Beamen haben selbst wir noch nicht erfunden.

Aber wir sind kurz davor. Uns fehlt bloß noch ein seltener Rohstoff, sogenanntes Gamma-Plutonium. Aber das haben wir bis jetzt auf keinem Planeten in unserem Sonnensystem entdeckt. Möglich, dass es so etwas gar nicht gibt.

Na toll.

Da lebt man im Weltraum, wo es nur mehr gesundes Essen gibt und man für fast jede Krankheit ein Heilmittel gefunden hat – bloß das mit dem Beamen hat man immer noch nicht hinbekommen.

Doch das ist nicht das einzige Problem …

Oh Mist!
Guckt doch mal!

Dass diese nervige Mist-pflanze ausgerechnet jetzt vor die Hunde geht, hat mir gerade noch gefehlt.

Am nächsten Tag fällt mir ein Stein vom Herzen. Als Anna und ich auf dem Weg zur Schule sind, hören wir eine Durchsage. Offenbar hat sich Buckminster gegen Shore durchgesetzt. Die neuen Alienarten müssen nicht mit einem kleinen Raumschiff durch die Galaxie fliegen, auf dem Weg zu einem neuen, unbekannten Planeten. Stattdessen schickt Buckminster Diplomaten und Wissenschaftler auf Expedition, um einen Planeten in der Nähe zu finden.

Schau mal. Alle vier Alienarten sind auf dem Schiff!
Das da ist übrigens mein Vater.
Echt? Ist ja krass!
Ich find es echt schade, dass wir nicht live dabei sein dürfen.
Alle Erwachsenen dürfen zusehen, wenn das Raumschiff die Station verlässt.
Das liegt daran, dass wir heute eine Menge vorhaben.
Ich habe nämlich ein neues Projekt für euch.

Ein neues Projekt? Wir lassen frustriert die Köpfe hängen. Nicht nur, dass wir den Test in Alienkunde bald nachschreiben und uns um eine widerspenstige Pflanze kümmern müssen – jetzt bekommen wir auch noch ein neues Projekt! Miss Universum kann manchmal echt ziemlich nerven!

Aber wir kennen doch schon so gut wie alle hier.
Hier leben doch bloß um die tausend Menschen, die habe ich alle schon mal gesehen.
Aber kennst du sie wirklich?
Und was ist mit all den Aliens, die neu dazugekommen sind? Kennst du die auch schon?
Natürlich nicht.

Miss Universum hat recht. Wir haben sogar zwei neue Lehrer.

Eine Chemielehrerin …

… und einen Kochlehrer.

Wir haben zwar noch keinen Koch- und Chemieunterricht, aber trotzdem wäre es interessant, mehr über die beiden zu erfahren. Wir werden in Zweierteams eingeteilt, und dann lost uns Miss Universum eine Person zu, über die wir in der nächsten Woche ein Referat halten müssen.

Alter, dann wird unser Referat das kürzeste von allen!
Genial!
Pimm und Ypsilon, ihr dürft die Chemielehrerin vorstellen!
Oh cool!
Wir bilden ein Team!
Was ist denn los? Freust du dich denn gar nicht?
Doch. Ich vermisse nur meinen Vater.
Mach dir keinen Kopf, der kommt bestimmt klar!

Irgendwie kann ich Ypsilon verstehen. Nicht auszudenken, wie ich mich fühlen würde, wenn mein Vater auf eine Weltraummission geschickt worden wäre.

Außerdem ist es im Weltraum gefährlich. Wie damals auf der Erde gibt es auch im Weltraum Piraten, die nur darauf warten, Schiffe zu kapern und auszurauben.

Shore?!
Sie meinen den unsympathischsten Menschen hier auf der Station?
Er wollte unsere neuen Freunde lebenslang in ein Raumschiff pferchen, auf dem Weg zu ...
Auweia!
Uff!
Knuff!

Spinnst du, Ned?
Miss Universum darf auf keinen Fall erfahren, dass wir gelauscht haben.

Was sagtest du noch gleich?
Nichts.
Shore ist schon okay.
Denke ich.

GONG!
Na eben!
Also los, das war's für heute. Nächste Woche habt ihr über eure Person genug herausgefunden, um sie vor der Klasse vorstellen zu können.
Puh!
Und vergesst eure Pflanzen nicht! Auch um die sollt ihr euch kümmern.
Na toll. Zuerst dieses elende Biologieprojekt und dann auch noch Shore.
Das kann ja was werden.

Während der nächsten Tage ist auf dem Schiff die Hölle los.

Der Präsident der Schlingonen schlängelt sich immer noch quer durch die Station. Die Örks knabbern alles an, was nicht niet- und nagelfest ist, und die Grantari haben ihre sogenannte Bespeckungsphase begonnen.

Sie futtern so ziemlich alles in sich hinein, bis sie kugelrund sind. Danach essen sie so gut wie gar nichts und sind nur faul. Nicht weiter verwunderlich, dass auch Pimm so richtig Appetit hat.

Und?
schmatz
Eine ganze Tafel Schokolade!
Schokolade???
Ja. Auf unserem Planeten gibt's die nämlich noch. Und ich hatte noch eine Tafel vom Transport übrig.
Zu schade, dass euer Planet vom schwarzen Loch verschluckt worden ist.

Doch nicht mal die Aussicht, dass sich irgendwo in diesem Universum echte Schokolade befindet, kann mich heute so richtig aufheitern. Meine Laune ist sogar schlechter als die von Ypsilon, und das will was heißen.

Ypsilon macht sich nämlich Sorgen um seinen Vater, obwohl er es nie zugeben würde. Wir sehen immer nur, wie er mit verbissenem Gesichtsausdruck am Fenster steht und Ausschau hält. Vom Raumschiff, das die Station verlassen hat, haben wir nämlich immer noch nichts gehört.

Noch dazu lässt sich über Shore absolut nichts in Erfahrung bringen. Nicht mal in der Stationsdatenbank findet sich etwas über ihn. Wir wissen auch nicht, wie alt er ist. Wir haben bloß seinen vollständigen Namen herausgefunden.

Augustus Balduin Shore.

Balduin?

Was für ein grausamer Mittelname. Vielleicht ist er deshalb so miesepetrig geworden.

Dafür haben wir mit der Chemielehrerin richtig Glück, über die ich und Ypsilon etwas in Erfahrung bringen müssen. Ypsilon kennt sie praktischerweise von früher. Wir haben schon das halbe Referat fertig, ohne mit ihr gesprochen zu haben.

Toll, nicht wahr?

Das stimmt.

Mrs 5OYDZO war eine der führenden Wissenschaftlerinnen in unserer Heimat. Es wäre ihr fast gelungen, künstliches Gamma-Plutonium herzustellen, bevor das schwarze Loch all ihre Forschungen verschluckt hat und wir hierherfliehen mussten.

(Schematische Darstellung)

Aber das mit dem Beamen ist plötzlich nebensächlich.

EEEEEEEEEEEEP!
Was war denn das?
BIEE
EEEE
EP!
Das Geräusch kommt
aus Ypsilons Tasche!
slurp

Ypsilons Augen werden plötzlich riesengroß. Er hastet zu seinem Rucksack und zieht ein Gerät heraus, das ich noch nie gesehen habe.

Ein Weltraumfunker! Schon seit Ewigkeiten ist es Privatpersonen verboten, von der Weltraumstation zu telefonieren. Angeblich zu unserer eigenen Sicherheit.

Dad! Die Verbindung ist total mies!
krrr
schhhhh
... verbotenen Planeten ...
Shore weiß Beschei d ...
Dad
Verbotener Planet? Dad!
Was wollt ihr denn dort?
Dad!
Dad!
schhhhhhhhhhhhhhhhhh
Dad
flump
knirsch
Dad
nom, nom

Was zum ... Du elendes, kleines
Monster!
Weißt du eigentlich, wie teuer das Teil war? Spuck es sofort wieder aus!!
Nur wegen dir werden wir jetzt nicht mehr mit meinem Vater funken können!
Und werden nie erfahren, was los ist!
husch
BIO
APIER
KARBON

Das ist alles eure Schuld. Ihr habt das dumme Tier mitgebracht.
Haben wir nicht! Es hat uns verfolgt!
Hört sofort auf zu streiten!
Wir sollten viel lieber herausfinden, was mit der Crew des Schiffs passiert ist, auf dem sich dein Vater befindet.
schieb
Örks!

Natürlich hat Pimm recht.
Sie unterbricht sogar ihre Bespeckungsphase, um mit uns in Shores Büro nach Hinweisen zu suchen. Unser Schulprojekt ist der ideale Vorwand dafür.
VIZEKOMMANDANT SHORE
FSCHHH!
Wie schön! Ein Schulprojekt! Nun, ich freue mich, euch dabei unterstützen zu dürfen.
Der lügt doch wie gedruckt. Bestimmt will er uns möglichst schnell wieder loswerden.

Allerdings verschwinden wir hier nicht ohne diese Unterlagen. Wir brauchen bloß ein Ablenkungsmanöver, um uns die Unterlagen zu schnappen!
Neugestaltung der Kommandantenbüros
Geheimmission fremder Planet für geflüchtete Aliens

Also zuerst würden wir gerne wissen ... wer Ihr ... Vorbild ist.
Und ... ob Sie schon als Kind ... äh ... Vizekommandant werden wollten ...
AUFNAHME

Aus! Böses Örks.
Wir bekommen bestimmt mächtig Ärger, wenn du jetzt auch noch Shores Telefon frisst.
(Macht euch keine Hoffnung – Kabel werden wir nicht los.)
Anna hat recht.
Du bleibst schön hier.
knautsch
Obwohl …
denkst du das Gleiche wie ich, Anna?
hehehe …

Schon als kleiner Junge wusste ich,
dass ich zu Größerem berufen ...
Ich glaube, ja. Lass es dir schmecken, Kleiner.
blip

Es klappt wie am Schnürchen.
Shore unterbricht sein selbstverliebtes Geschwafel
und steuert wutentbrannt auf das Örks zu.
Dabei lässt er das Regal lange genug aus den Augen,
damit wir zugreifen können.

Jetzt haben wir alle Informationen, Herr Vizekommandant!
Ja, wir haben alles, was wir brauchen. Tut uns leid, dass unser Haustier Ihr Telefon gefressen hat. Das ersetzen wir Ihnen natürlich.
Nun ja, wenn es auf dieser Station etwas in Hülle und Fülle gibt, dann ja wohl die neueste Technik.
Aber nun zurück zum Interview ...
äh ...
Ihr könnt doch noch nicht fertig sein, immerhin sind wir doch gerade erst bei meiner Grundschulzeit angelangt.
Wollt ihr denn gar nichts davon hören, wie ich die Kommandantenschule auf der Erde mit lauter Einsen abgeschlossen habe?

Ganz ehrlich, Kommandant Shores Erzählungen von der Erde hätten mich schon interessiert. Immerhin sind Anna und ich hier auf der Station geboren und haben die Erde noch nie betreten. Aber nun ist es erst mal wichtiger, Shores geheime Unterlagen zu lesen.

(Anna und ich sind immer gut auf spontane Besuche in der Tankstellentoilette vorbereitet!)
Schnell! Wenn mein Paps uns nicht hier vermutet, dann kann er auch keine unangenehmen Fragen stellen!
WC
Außer Betrieb!
-TANK
RDGAS
ENZIN
APSÖL
TONIUM
ALL
CARG

Leider ist die Weltraumtankstellentoilette ziemlich ekelig, obwohl sie schon seit Jahren von keinem Fernfahrer mehr benutzt wurde.

Äh, Leute ...
... ich glaube, ein ekeliges Welt-raumtankstellenklo ist derzeit unser kleinstes Problem ...
*
(*Ach ja, *eine* Glühlampe gibt es noch im Universum.)

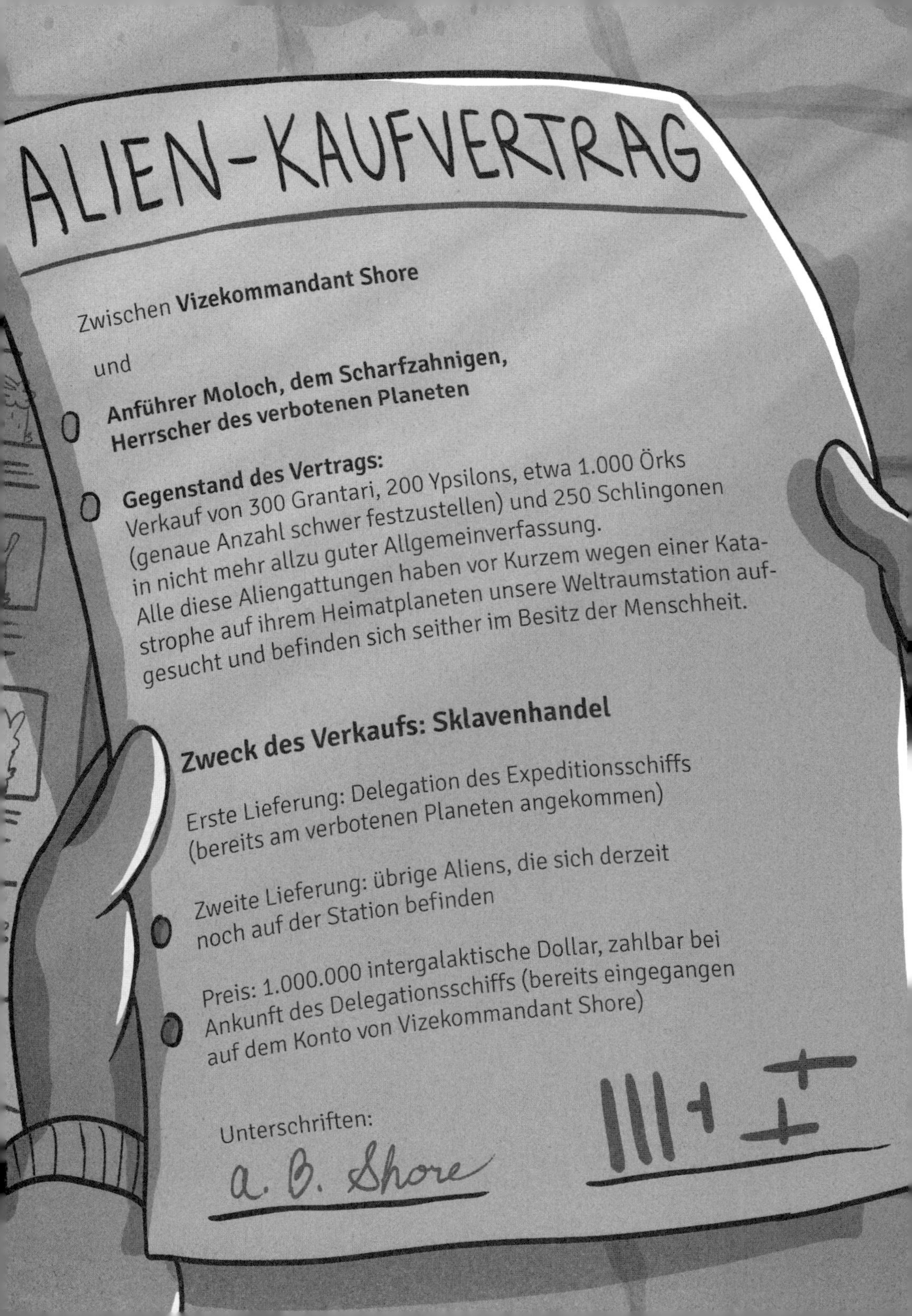
ALIEN-KAUFVERTRAG
Zwischen **Vizekommandant Shore**
und
Anführer Moloch, dem Scharfzahnigen, Herrscher des verbotenen Planeten
Gegenstand des Vertrags:
Verkauf von 300 Grantari, 200 Ypsilons, etwa 1.000 Örks (genaue Anzahl schwer festzustellen) und 250 Schlingonen in nicht mehr allzu guter Allgemeinverfassung.
Alle diese Aliengattungen haben vor Kurzem wegen einer Katastrophe auf ihrem Heimatplaneten unsere Weltraumstation aufgesucht und befinden sich seither im Besitz der Menschheit.
Zweck des Verkaufs: Sklavenhandel
Erste Lieferung: Delegation des Expeditionsschiffs (bereits am verbotenen Planeten angekommen)
Zweite Lieferung: übrige Aliens, die sich derzeit noch auf der Station befinden
Preis: 1.000.000 intergalaktische Dollar, zahlbar bei Ankunft des Delegationsschiffs (bereits eingegangen auf dem Konto von Vizekommandant Shore)
Unterschriften:
a. B. Shore

Ich kann nicht glauben, was ich da lese. Shore hat jedes einzelne Alien, das bei uns Schutz gesucht hat, an den verbotenen Planeten verkauft.

Das ist ja furchtbar!

Da steht, das Diplomatenschiff sei bereits die erste Lieferung …
Heißt das etwa …?

Jetzt nur nicht verzweifeln. Dein Vater lebt, das haben wir ja vorhin selbst gehört. Wir werden ihn befreien, versprochen.

Anna hat recht, Ypsilon. Wir müssen nur Kommandant Buckminster finden und ihm alles erzählen.

Aber was, wenn er uns nicht glaubt?

Das muss er.
Wir haben doch …

Huch!
Was tut ihr Kinder denn hier drin, auf dieser schmuddeligen Toilette? Habt ihr keinen besseren Platz, um eure Hausaufgaben ...?
WUUUUSCH!
NEEEEEEEEEIIIIIN!

Na toll!

Normalerweise liebe ich meinen Vater, aber heute will ich ihn einfach nur wüst beschimpfen!

Das waren Beweise!
Beweise, mit denen wir Vizekommandant Shore hätten überführen können. Er hat vor, alle Aliens als Sklaven an den verbotenen Planeten zu verkaufen.
Ist das wahr?
Natürlich! Denkst du, wir würden unsere Hausaufgaben auf dieser versifften Toilette machen? Es geht um etwas viel Geheimeres.
Ich meinte die Sache mit den Aliens.
Leider ja. Ypsilons Vater ist in großer Gefahr. Und jetzt, wo unsere einzigen Beweise weg sind, müssen wir eben anders versuchen, Buckminster zu überzeugen.

Das ist wirklich leichter gesagt als getan. Selbst während der langweiligen Chemiestunde mit der neuen Lehrerin fällt keinem von uns ein, wie wir das anstellen können.

Und unsere Pflanze.

Und meinen Vater, der auf dem verbotenen Planeten festsitzt.
VERBOTENER PLANET (!)
BETRETEN STRENGSTENS VERBOTEN!
LEBENSGEFAHR!

Weil alles so ausweglos erscheint, haben wir gar nicht bemerkt, dass wir ziemlich laut miteinander gesprochen haben. Unsere Lehrerin hat es jedenfalls bemerkt und steht inzwischen ziemlich wütend vor unserem Tisch. Und das will was heißen, immerhin ist sie sonst ganz nett.

Wenn wir es endlich schaffen, Gamma-Plutonium zu erzeugen, dann ist das ein Meilenstein für unser Universum ...
Fast wie ...
Wie die Erfindung der Antibiotika!
Oder die Landung des ersten Menschen auf dem Mond.
Oder die erste Gehirntransplantation!
Na eben!

Ach ja! Gamma-Plutonium hat mit dem Beamen zu tun. Das ist ja im Prinzip ganz interessant. Aber nicht jetzt. Nicht wenn Ypsilons Vater in Lebensgefahr schwebt.

Nom, nom, nom
Ich habe eine Idee.
Lasst uns heute nach der Schule zu Kommandant Buckminster gehen. Er muss uns einfach glauben.

Jedem einzelnen Alien droht ein furchtbares Schicksal, wenn wir es nicht schaffen, Buckminster zu überzeugen, Shore zu feuern. Er ist der Einzige, dessen Dienstgrad über dem von Shore liegt, und somit auch der Einzige, der etwas gegen ihn unternehmen kann. Doch vorher muss er uns glauben.

Klappt nicht. Wir haben nicht den notwendigen Dienstgrad. Hast du etwa schon vergessen, dass es auf der Station haufenweise Verbote gibt?
Sonst noch Ideen? Wie wäre es, wenn wir ihn in der Kantine treffen?
Du willst doch bloß dorthin, um Essensnachschub zu holen!
Und wennschon …
Glaube kaum, dass wir ihn in der Kantine sehen werden. Zudem ist er dort immer von seinen Assistenten umringt.
Das ist es! Ich habe eine Idee!

Auf der Station erzählt man sich, dass Buckminster jeden Tag im Fitness-Center auf dem Laufband schwitzt, um sich in Form zu bringen.

Alles, was wir jetzt noch brauchen, ist die Fitnesscenter-Clubkarte meines Vaters. Schon drängen wir uns alle zusammen durch das Drehkreuz und staunen.

Wow. Hier ist ja eine Menge los. Wusste gar nicht, dass die Erwachsenen hier so viel Spaß haben können.
UTZ UTZ UTZ UTZ
UTZ UTZ UTZ UTZ
Also nach Spaß sieht das bei Buckminster nicht gerade aus.
BUMM BUMM BUMM
Ächz!
BUMM BUMM BUMM
Steigung 30%...
EARTH

Aber nicht nur Buckminster macht ein gequältes Gesicht. Auch Pimm traut ihren Augen kaum.

Buckminster sieht gerade aus, als würde er ums Überleben kämpfen.
Tempo-steigerung auf 120%
hechel
EARTH RUN 9000
Glaubt ihr wirklich, dass jetzt ein guter Zeit-punkt ist, um ihm zu sagen, dass sein Vize-kommandant ein Betrüger ist?
Wir haben keine andere Wahl.
UTZ UTZ UTZ
DOMM DOMM DOMM

Schnell gelangen wir an Buckminsters Laufband. Als er uns erkennt, huscht ein gequältes Lächeln über seine Lippen.

So lange hat das keine Zeit!
Ihr Vizekommandant hat nämlich heimlich alle Aliens, die hier auf dieser Station Schutz gesucht haben, an den verbotenen Planeten verkauft.

Was?
Das ... ist doch ... ein Scherz, oder?
Einer eurer Streiche?
Das ist die Wahrheit.

Jetzt ist auch Buckminster ziemlich erstaunt. Er stoppt das Laufband und sieht uns mit erwartungsvollem Blick an.

Tempo-Steigerung auf 10 … 50 … 100 … 150 … 200%
Flopp!
Was zur …?
Wollt ihr mich umbringen?!
WRRRRRRRR!
Zuerst schwärzt ihr meinen Vize-kommandanten an, und jetzt das?
Sicherheitsdienst!
Was?
Das Örks wollte doch nur helfen …
Herr Kommandant, Sie müssen uns glauben!
SICHERHEITSDIENST!
Schon gut, wir gehen ja schon.

Na toll! Der Besuch im Fitnesscenter war ein absoluter Reinfall. Niemand von uns weiß, was jetzt zu tun ist.

Wir können nur hoffen, dass Buckminster niemandem von dem heutigen Besuch erzählen wird. Sonst bekommen wir ganz bestimmt Ärger in der Schule. Oder von unseren Eltern.

Wie soll uns nur jemand glauben? Leute, wir müssen diese Sache beweisen. Sonst können wir Ypsilons Vater nicht retten.

Nur wie?

Und ganz nebenbei sollen wir auch noch unsere Referate fertigstellen. Und dafür sorgen, dass unsere Pflanze nicht ...

oha.

So gesund hat das Ding ja noch nie ausgesehen.

Am nächsten Tag in der Schule kann ich einfach nicht verstehen, was mit unserer Schlingonenpflanze passiert ist. Doch als wir das Klassenzimmer betreten, merken wir, dass die anderen Schüler nicht weniger aufgeregt sind.

Das stimmt.
Wo hast du das her?
TURBO-
WELTRAUM-
ANGRIFF
3000
18!
ssst...

Das würde
mich auch mal
interessieren.
TURBO-
WELTRAUM-
ANGRIFF
3000
18!

Uns übrigens auch. Jedes Augenpaar in der Klasse heftet sich auf Dave und sein Videospiel.

Aber dieses Ding hat gestern eine Knospe bekommen.
Abends hab ich dann einen Star-Wars-Film auf dem Uralt-Fernseher meines Vaters geguckt.
STAR WARS
Und morgens hatte die Pflanze dieses Spiel hier im Maul.
TURBO-WELTRAUM-
GRIFF
18!
Was?
Du willst uns sagen, dass dieses Spiel in deiner Pflanze gewachsen ist?
Ich weiß, wie das klingt. Aber es ist wahr.

Wenn Dave wirklich die Wahrheit sagt, dann ist das, was da passiert ist, echt erstaunlich. Die Pflanze hat in ihrer Knospe einen Gegenstand entstehen lassen.

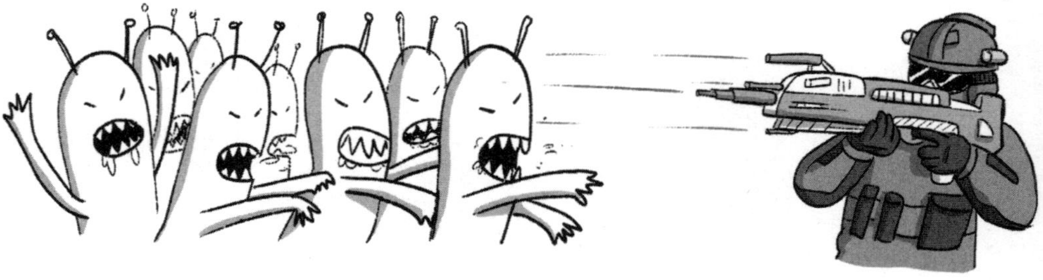

Warum sie allerdings das dämlichste Videospiel der ganzen Galaxie produziert hat, ist mir nicht ganz klar.

Wir haben keine Ahnung, was diese Alienarten so alles draufhaben. Und warum sollten die Schlingonen nicht ein ziemlich cooles Geheimnis haben?

Leider kommen wir nicht dazu, noch mehr über die Schlingonen herauszufinden. Den restlichen Tag pauken wir Mathe.

Doch als die Schule endlich aus ist, treffen wir uns im leeren Chemiesaal.

Könnt ihr euch erinnern, was Dave erzählt hat?
Er meinte, er hätte abends einen Star-Wars-Film geguckt.
STAR WARS
TURBO-WELTRAUM ANGRIFF 3000
Ist das dein Ernst? Du denkst, dass die Pflanze plötzlich deswegen so gut gedeiht, weil sie gerne Star Wars guckt?
Das klingt schon ziemlich unglaubwürdig.
slurp
STAR WARS

Unglaubwürdig ist die Untertreibung des Jahres. Es klingt nicht nur unglaubwürdig, sondern nach Science-Fiction.

Huch! Entschuldigen Sie!
Wir wollten Sie nicht bei Ihren Forschungen stören.

Kein Problem.
Ich stecke wieder mal bei meinen Forschungen rund ums Beamen fest. Aber ehrlich gesagt, finde ich das, was ihr mir hier gerade präsentiert, noch viel spannender.

Spannender als das Beamen? Das kann ich fast gar nicht glauben. Doch offenbar meint es die Chemielehrerin ernst.

Unsere Wünsche?
Ja klar! Euer Mitschüler hat sich dieses Spiel gewünscht, nicht wahr? Und was wünscht ihr euch?
Also ich wünsche mir, dass mein Vater zurückkommt. Er ist in großer Gefahr. Aber wenn wir Ihnen das erzählen, würden Sie uns sowieso nicht glauben.
Na, dann schießt mal los und wir finden es heraus.

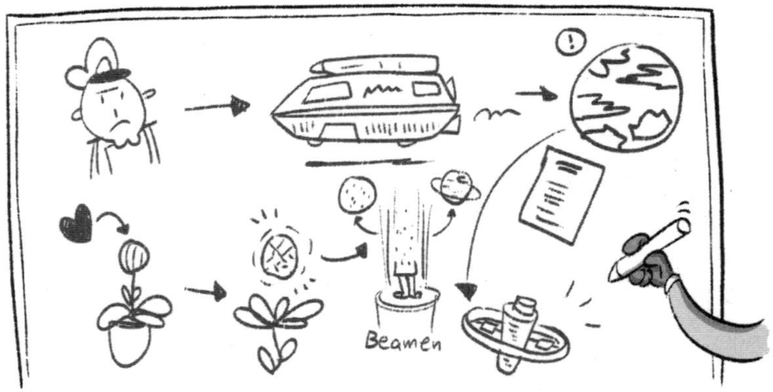

Die Stunden vergehen wie im Flug. Während wir Mrs 50YDZO erzählen, was wir bereits wissen, macht sie sich aufmerksam Notizen. Selbst als wir ihr von den bösen Plänen des Vizekommandanten berichten, scheint sie uns jedes Wort zu glauben.

Und wir nicht Lichtjahre benötigen, um mit einem Raumschiff dorthin zu reisen.
Dann hätte Shore keinen Grund mehr, die Aliens zu verkaufen.
Alles wäre gut.
Das ist es!
Jetzt müssen wir nur noch zusehen, wie wir die Pflanze in Windeseile zum Blühen bringen.
Könnt ihr euch erinnern, wo sie diese Knospe bekommen hat?
Im Fitnesscenter!
Patsch!

Uns bleibt nicht mehr viel Zeit.

Wir könnten sie dort hinter dem Kaffeeautomaten zwischen die anderen Zierpflanzen stellen. Da fällt sie nicht auf.
JETZT PROBIEREN: PROTEIN-KEKSE TYP „RÄUCHERTOFU"
Fragt sich nur, wie wir durchs Drehkreuz kommen. Wir sind alle zu groß, um hierdurch zu passen.
Das Örks wäre genau richtig.
Willst du uns helfen, die Schlingone ins Fitnesscenter zu stellen?

Der Plan ist nicht übel. Was auch immer es war, das der Pflanze dort so gefallen hat, es ist gut möglich, dass sie jetzt noch mehr davon bekommt.

Wir wünschen uns Gamma-Plutonium, um endlich das Beamen zu erfinden!

Die ganze Nacht lang kann ich kaum schlafen. Als wir am nächsten Morgen wieder vor dem Fitnesscenter stehen, bekomme ich vor Anspannung kaum Luft. Anna schickt das Örks los, um die Pflanze zu uns zurückzuholen.

Ihr schon wieder!
Hab ich euch nicht gesagt, ihr sollt euch hier nicht mehr blicken lassen?
Aber wir haben einen Plan! Wir wollen, dass die Schlingone aufblüht und in ihrer Knospe Gamma-Plutonium wächst, damit wir die Aliens in ihre neue Heimat beamen können und ...
Jetzt reicht's aber!
Erst erfindet ihr Lügen über Shore und jetzt über die Schlingonen? Ich nehme euch mit in mein Büro, und von dort rufen wir eure Eltern an. Und Shore. Bin mal gespannt, was der dazu ...
Lauft!!

So schnell wir können, laufen wir zurück in unsere Schule, bis in unsere Klasse. Doch als wir dort ankommen, merken wir, dass wir nicht die Einzigen sind.

Stellt euch nicht dumm!
Lassen Sie das Örks in Frieden!
knurr
ORKS!
Dann her mit den Beweisen!
(Dass ich bei Stress immer so stark schwitzen muss! Das habe ich eindeutig von meinem Dad …)

Es hilft alles nichts.
Wir sitzen in der Zwickmühle.
Es ist Zeit, Shore in unseren
Plan einzuweihen.

Eine dämliche Schlingone?
Wie soll **die** denn helfen, alle Aliens loszuwerden?
In ihrer Knospe wächst Gamma-Plutonium heran.
Damit können wir die Aliens auf jeden Planeten beamen, der ihnen gefällt. Sie müssen nicht mehr länger hierbleiben auf einer Station, die viel zu klein ist für uns alle.
Ich glaube euch kein Wort.
Her mit meinen Beweisen!
BZZZT!
ÖRKS!

Mist. Wir müssen ihm sagen, dass die Beweise futsch sind. Aber was wird dann aus dem Örks? Ich kann kaum hinsehen.

Stopp! Was geht denn hier vor sich?
Shore, wovon sprechen Sie?
D...diese Kinder haben vertrauliche Dokumente der Station gestohlen, Herr Kommandant.

Wir halten die Luft an.
Wem wird Buckminster wohl glauben? Uns oder Shore?

Aber es ist die Wahrheit!
Mein Vater sitzt auf dem verbotenen Planeten als Gefangener fest!
Die lügen doch wie gedruckt.
Die behaupten doch auch felsenfest, dass in ihrer Pflanze Gamma-Plutonium ... was ... zur ...?
?

Ich traue meinen Augen kaum. Die Knospe hat sich geöffnet. Was sich darunter befindet, habe ich noch nie gesehen. Das kann nur eins bedeuten. Wir haben es geschafft, die wertvollste Substanz des ganzen Universums zu produzieren.

Ihr habt recht behalten.
Sagen wir doch! Wir lügen nicht.
pflück
Das heißt dann wohl auch, dass …
… dass ein ganzes Delegationsschiff mit Aliens auf dem verbotenen Planeten gefangen ist?
Herr Kommandant, Sie wollen doch nicht wirklich …
Sicherheitsdienst in die Schule. Sicherheitsstufe eins.
Hopp!

Ich finde, wir haben großes Glück mit unserem Kommandanten Buckminster. In nur wenigen Stunden hat er es nicht nur geschafft, Shore zu inhaftieren, er hat auch noch Kontakt zum verbotenen Planeten aufgenommen und den Deal rückgängig gemacht.

Aber freust du dich nicht, bald auf einem richtigen Planeten zu leben?
Ich fand es schön hier.
Ich finde die Station auch gar nicht so schlecht. Auch wenn die Menschen etwas ...
na ja ...
einfältig sind ...
Dad!
Könnt ihr nicht hierbleiben?

Endlich sind wir alle komplett. Pimms Eltern, Ypsilons Vater, Annas Eltern und meine sind auf der Party zusammengekommen, um die Rückkehr des Delegationsschiffs zu feiern.

Doch jetzt, da das Beamen erfunden wurde, wird uns klar, dass die neue Heimat der Aliens auch einen Abschied bedeutet.

Können wir nicht hierbleiben?
Schätzchen, das ist nicht möglich.
Wir müssen auf einen neuen Planeten. Niemand kann hierbleiben.
Nun ja ...
Wir brauchen Botschafter. Jemand, der auf der Station lebt und mit den Planeten, auf denen die Aliens leben, in Kontakt tritt. Wir müssen immerhin wissen, wie es ihnen dort ergeht.
Botschafter? Wir sind bloß einfache Grantari.
Wir waren früher einfache Hilfsarbeiter auf unserem Planeten.
Das macht doch nichts. Staatsmann zu sein, ist echt keine schwere Aufgabe.
hihi
Das stimmt. Buckminster ist wirklich nicht der Hellste. Aber diesmal hat er es dann doch ganz gut gemacht.

Pimms und Ypsilons Eltern als Botschafter, hier auf dieser Station – die Idee ist so genial, dass ich vor Freude am liebsten Luftsprünge machen möchte.

Ihr müsst wirklich hierbleiben! Und, Kommandant Buckminster, unsere Schlingone und unser Örks auch.
ÖRKS!
Ich glaube, das geht auch nicht anders.
Die Schlingone ist offenbar so glücklich, dass sie sich schon um mein Bein geschlängelt hat. Die bekomme ich nie wieder ab.

Sonja Kaiblinger lebt in Wien und in Köln und loggt dort ihre Geschichten, die in ihrem Kosmos herumschweben. In ihrer Wohnung gibt es zahlreiche schwarze Löcher, wo immer wieder Gegenstände (vorzugsweise Socken) verschwinden. Wenn sie mal nicht schreibt, arbeitet sie fürs deutsche Fernsehen oder beamt sich in fremde Länder, um dort zu urlauben.

Sonja Kurzbach wurde 1983 in den unendlichen ostfriesischen Weiten geboren. Nach dem Abitur dockte sie in Bremen an, um eine Ausbildung zur Mediengestalterin zu machen. Einige Jahre später gelangte sie durch ein Stipendium-Turbo-Portal nach Berlin, wo sie im Illustrationsstudium an der AID Berlin endlich voll und ganz ihrer Leidenschaft, dem Illustrieren, nachgehen konnte.
Sie lebt und schwebt in Berlin und wenn die Schwerkraft es zulässt, macht sie Karate, erkundet die Stadt auf dem Fahrrad oder geht auf Konzerte.
Auch Kaffee trinken ist mit Bodenhaftung deutlich einfacher.

FSC
www.fsc.org
MIX
Papier aus verantwortungsvollen Quellen
FSC® C083411

ISBN 978-3-7432-0675-5
1. Auflage 2020

Umschlag- und Innenillustrationen: Sonja Kurzbach
Textgestaltung: Sonja Kurzbach
Umschlaggestaltung: Michael Dietrich
Printed in the EU

www.loewe-wow.de